위증죄 모해위증죄 성립요건 고소방법 실무지침서

위증죄 모해위증죄 고소장 고소방법

편저 : 대한법률콘텐츠연구회

(콘텐츠 제공)

해설 · 최신서식

법문북스

머　리　말

위증죄는 법률에 의하여 선서한 증인이 자기의 기억에 반하는 사실을 진술함으로써 위증죄가 성립하고 위증죄는 경험을 통하여 기억하고 있는 그 사실을 진술한 이상 그 진술이 객관적 사실에 부합되지 아니하거나 경험한 사실에 기초한 주관적 평가가 법률적 효력에 관한 다소의 오류나 모순이 있다고 하여 위증죄가 성립하는 것은 아닙니다.

선서한 증인이 진술한 증언내용이 자신이 그 증언내용사실에 대하여 잘 알지도 못하면서 마치 잘 아는 것처럼 증언한 것이라면 그에 대한 증언은 형법 제152조 제1항 위증죄의 법 정의에도 나와 있듯이 '기억에 반하는 진술' 이므로 위증죄가 성립합니다.

증인의 증언의 요지가 일정한 사실을 알고 있다는 취지의 경우 증인이 그 증언내용을 알게 된 경위를 심리 판단하여 그 증언내용이 기억에 반하는 진술인지의 여부를 판단하여야 하지 그 증언의 전체적 내용을 제쳐두고 증언의 일부만 따로 떼어내어 허위의 진술이라고 할 수는 없습니다.

따라서 증인이 어떠한 사실을 알고 있다고 진술한 경우 증인이 스스로 경험하였거나 타인의 경험한 것을 전해 듣고 알고 있는 사실을 진술하는 것으로써 그 증인이 알게 된 경우가 어떤 것인가를 가려내어 그것이 증인의 기억에 반하는지의 여부를 판단하여야 하고 그 진술이 객관적 사실과 다르다는 것만으로 곧 이것이 기억에 반하는 진술이라고 할 수 없습니다.

위증죄는 선서한 증인이 고의로 자신의 기억에 반하는 증언을 함으로써 성립하는 범죄입니다. 그 진술이 당해 사건의 요증사항인 여부 또는 재판의 결과에 영향을 미치는 여부는 위증죄의 성립에는 아무런 관계가 없으며 증언의 내용이 요증사실이 아니고 판결결과에 영향을 미치지 아니한 경우에도 형법 제152조 제1항의 위증죄가 성립하여 처벌할 수 있습니다.

자기의 형사사건과 관련하여 허위의 진술을 하는 행위는 형사소송에 있어서의 방어권을 인정하는 취지에서 그 처벌의 대상이 되지는 않지만 법률에 의하여 선서한 증인이 타인의 형사사건에 관하여 위증을 하면 형법 제152조 제1항의 위증죄가 성립합니다.

한편 자기의 형사사건에 관하여 타인으로 하여금 교사하여 형법 제152조 제1항의 위증죄를 범하게 하는 것은 형사소송의 방어권을 남용하는 것이므로 위증교사가 성립하여 처벌할 수 있습니다.

위증이라는 것을 너무나 대수롭지 않게 생각하는 범죄라는 잘못된 법의식에서 비롯된다고 해도 과언은 아닙니다. 흔히 법정에서 거짓말을 해도 처벌되지 않는다는 잘못된 생각으로 위증하고 이로 인한 억울한 피해자가 생기고 사법의 불신풍토가 조장될 수밖에 없습니다.

하물며 아는 사람의 부탁을 받은 증인들이 법정에 출석하여 재판장 앞에서 숨김과 보탬이 있을 때는 위증의 처벌을 받기로 한다는 선서까지 하고도 버젓이 거짓증언을 하거나 자신에게 유리한 결과를 이끌어내기 위해서 타인으로 하여금 적극적으로 위증을 하도록 교사하는 일이 만연히 일어나고 있습니다.

형법 제152조 제2항 모해위증죄의 법 정의에도 나와 있듯이 피고인, 피의자 또는 징계혐의자를 불리하게 할 목적을 의미하는 것으로서 모해위증죄에 있어서 허위의 진술의 대상이 되는 사실에는 공소 범죄사실을 직접 또는 간접적으로 뒷받침하는 사실은 물론이고 이와 밀접한 관련이 있는 것으로서 만일 그것이 사실로 받아들여진다면 피고인, 피의자 또는 징계혐의자에게 불리한 상황에 처하게 되는 사실도 여기에 모해할 목적에 포함되어 처벌할 수 있습니다.

모해할 목적은 허위의 진술을 함으로써 피고인, 피의자 또는 징계혐의자에게 불리하게 될 것이라는 인식이 있으면 충분하고 그 결과의 발생을 희망할 필요는 없는 것입니다. 법률에 의하여 선서한 증인이 허위의 진술을 한 때에 성립합니다. 그래서 모해위증죄는 법정형이 위증죄에 비하여 두 배나 형량이 높고 벌금형으로 처벌하는 조항이 없고 모두 징역형으로 처벌하도록 규정하고 있습니다.

모해위증죄는 위증죄와 다르게 '모해목적' 이라는 초과주관적인 구성요건요소로서 가중된 부진정목적범입니다. 모해위증죄를 적용하여 기소를 하거나 유죄를 선고함에 있어서는 증언내용이 기억에 반하는 그 허위의 진술 여부도 중요하겠지만 그에 못지 않게 형사사건이나 징계사건에 관련하여 피고인, 피의자 또는 징계혐의자를 모해할 목적이 있는가의 여부도 중요합니다.

그러므로 형사사건이나 징계사건에서 피고인, 피의자 또는 징계혐의자에게 처벌을 받게 할 목적으로 거짓 증언을 했을 경우는 '형법 제152조 제2항모해위증죄' 가 성립합니다.

위증죄나 모해위증죄로 피해를 입은 분들은 피고소인의 인적사항을 알지 못하더라 도 피고소인의 기본정보로 휴대전화 등을 위증죄 모해위증죄 고소장에기재하시면 수 사를 담당하는 사법경찰관이 사안에 따라서 피고소인의 기본정보(휴대전화 등)를 활용 하여 검사에게 압수수색 영장을 신청하여 피고소인의 소재를 파악하는 추적 수사를 통하여 피고소인을 출석시켜 조사가 이루어집니다.

우리 법문북스에서는 내 소중한 권리가 위증이나 모해위증으로 피해를 입고 억울한 일을 당하셨다면 법적으로 스스로 대비하고, 즉각적으로 법적대응은 물론이고 법을 잘 알지 못하더라도 얼마든지 혼자서도 고소하여 그 위증이나 모해위증의 행위자를 처벌시킬 수 있도록 하기 위하여 실제 있었던 사례를 자세히 분석하고 이에 맞게 스 스로 위증죄 또는 모해위증죄로 고소하는 방법을 수록한 실무지침서를 적극 권장하고 싶습니다.

편저자

차 례

본 문

위증죄, 모해위증죄 고소장 최신서식

본문

제1장 위증죄 모해위증죄

제1절 위증죄

위증죄는 증인이 선서를 하여야 합니다. 증인이 위증을 하는 경우에 처벌받게 됩니다. 형사절차상 증인은 선서 후 진실을 말할 의무가 있기 때문이고 위증죄는 국가의 사법작용인 심판권의 적정한 행사 및 진실발견을 그 보호법익으로 합니다.

재판장은 증언거부권이 있다는 것을 증인에게 고지하여야 합니다. 따라서 증인은 자신에게 증언거부권이 있음을 고지 받고 증언을 거부할 수 있습니다. 증언거부권을 고지 받았음에도 거부권을 행사하지 않고 스스로 위증을 한 경우에는 위증죄의 처벌도 감수해야 합니다.

1. 처벌규정

형법 제152조 제1항에 위증죄가 규정되어 있습니다. 법률에 의하여 선서한 증인이 허위의 진술을 한 때에는 5년 이하의 징역 또는 1,000만 원 이하의 벌금에 처하도록 돼 있습니다.

2. 허위의 진술

위증죄의 법 정의에도 나와 있듯이 '허위의 진술'은 객관적 사실이 허위라는 것이 아니라 스스로 체험한 사실 '기억에 반하여 진술'을 하는 것이며 예컨대 기억에 반한다는 사실을 의미합니다.

따라서 허위의 진술을 하였다고 해서 모두 위증죄가 성립하는 것은 아니고 위증죄가 성립하려면 법률에 의하여 증인이 선서를 하여야 하고 선서한 증인이 자기의 기억에 반하는 사실을 진술함으로써 위증죄가 성립하므로 그 진술이 객관적 사실과 부합하지 아니한다 하더라도 그 증언이 증인의 기억에 반하는지의 여부를 따져보기 전에는 형법 제152조 제1항의 위증이라고 할 수 없습니다.

증인의 증언이 기억에 반하는 허위의 진술인지 그 여부는 당해 신문절차에 있어서의 증언의 전체를 파악하여 판단하여야 합니다. 증언의 자체가 불분명하다 하더라도 이해될 수 있는 경우에는 (1)언어의 통상적인 의미와 용법 (2)문제된 증언을 하게 된 전후 사정의 문맥 (3)신문전체의 취지 (4)증언이 행하여진 경위 등을 종합하여 당해 증언의 의미를 보다 명확히 파악한 후 허위의 진술 여부를 판단하여야 합니다.

3. 여러 개의 사실

증언의 내용을 구성하는 여러 개의 사실에 대하여 개별적으로 진술하지 않고 신문자의 취지에 따라서 종합한 전체적 취지로 진술하였다고 하더라도 개개의 사실이 기억에 일치하고 전체적 취지가 이에 어긋나지 아니하면 허위의 진술이라고 할 수 없어 위증죄로 처벌할 수 없게 됩니다.

위증죄는 법률에 의하여 선서한 증인이 자기의 기억에 반하는 사실을 진술함으로써 위증죄가 성립하고 위증죄는 경험을 통하여 기억하고 있는 그 사실을 진술한 이상 그 진술이 객관적 사실에 부합되지 아니하거나 경험한 사실에 기초한 주관적 평가가 그러한 법률적 효력에 관한 다소의 오류나 모순이 있다고 하여 위증죄가 성립하는 것은 아닙니다.

4. 잘 아는 것처럼 진술

선서한 증인이 진술한 증언의 내용이 자신이 그 증언내용사실에 대하여 잘 알지도 못하면서 마치 잘 아는 것처럼 증언한 것이라면 그에 대한 증언은 형법 제152조 제1항 위증죄의 법 정의에도 나와 있듯이 '기억에 반하는 진술' 이므로 위증죄가 성립하여 고소하시면 처벌할 수 있습니다.

예를 들어 알지 못하고 경험하지 못한 사실을 안다고 증언한 경우 기억에 반하는 진술이므로 형법 제152조 제1항 위증죄가 성립합니다.

5. 선서한 증인

형법 제152조 제1항 위증죄에서 규정하고 있는 '법률에 의하여 선서한 증인' 이라는 것은 법률에 근거하여 법률이 정한 절차에 따라 유효한 선서를 한 증인을 말합니다.

그러므로 그 증인신문은 법률이 정한 절차 및 조항을 준수하여 적법하게 이루어진 경우이어야 한다는 뜻입니다.

6. 위증이 되는 조건

증인의 증언의 요지가 일정한 사실을 알고 있다는 취지의 경우 증인이 그 증언내용을 알게 된 경위를 심리 판단하여 그 증언내용이 기억에 반하는 진술인지의 여부를 판단하여야 하는 것이지 그 증언의 전체적 내용을 제쳐두고 증언의 일부만 따로 떼어내어 허위의 진술이라고 할 수는 없습니다.

따라서 증인이 어떠한 사실을 알고 있다고 진술한 경우 증인이 스스로 경험하였거나 타인의 경험한 것을 전해 듣고 알고 있는 사실을 진술하는 것으로써 그 증인이 알게 된 경우가 어떤 것인가를 가려내어 그것이 증인의 기억에 반하는지의 여부를 판단하여야 할 것이고 그 진술이 객관적 사실과 다르다는 것만으로 곧 이것이 기억에 반하는 진술이라고 할 수 없습니다.

7. 재판에 영향을 미치는 사항

위증죄는 선서한 증인이 고의로 자신의 기억에 반하는 증언을 함으로써 성립하는 범죄이므로 그 진술이 당해 사건의 요증사항인 여부 또는 재판의 결과에 영향을 미치는 여부는 위증죄의 성립에는 아무런 관계가 없습니다.

증언의 내용이 요증사실이 아니고 판결결과에 영향을 미치지 아니한 경우에도 형법 제152조 제1항의 위증죄가 성립하여 처벌할 수 있습니다. 요증사실의 진위판단은 증거에 의하여 법원의 자유로운 심증판단에 따라 이루어집니다. 요증사실의 관계에 따라 증거는 직접증거와 간접증거로 구분되고 요증사실의 진위가 불명확할 때는 해당사실이 존재하지 않는 것으로 취급되어 소송의 당사자 중에서 어느 한 당사자가 입게 될 위험 또는 불이익을 바로 입증책임이라고 합니다.

8. 자기 사건의 위증 교사

자기의 형사사건과 관련하여 허위의 진술을 하는 행위는 형사소송에 있어서의 방어권을 인정하는 취지에서 그 처벌의 대상이 되지는 않지만 법률에 의하여 선서한 증인이 타인의 형사사건에 관하여 위증을 하면 형법 제152조 제1항의 위증죄가 성립합니다.

한편 자기의 형사사건에 관하여 타인으로 하여금 교사하여 형법 제152조 제1항의 위증죄를 범하게 하는 것은 형사소송의 방어권을 남용하는 것이므로 위증교사가 성립하여 처벌할 수 있는 것입니다.

9. 위증죄의 법의식

위증은 누구든지 대수롭지 않게 생각하는 범죄라는 잘못된 법의식에서 비롯된다고 해도 과언은 아닙니다. 법정에서 거짓말을 해도 처벌되지 않는다는 잘못된 생각으로 위증하고 이로 인한 억울한 피해자가 생기고 사법불신풍토가 조장될 수밖에 없습니다.

하물며 잘 아는 사람의 부탁을 받은 증인들이 법정에 출석하여 재판장 앞에서 숨김과 보탬이 있을 때는 위증의 처벌을 받기로 한다는 선서까지 하고도 부탁받은 내용을 거짓증언을 하거나 자신에게 유리한 결과를 이끌어내기 위해서 타인으로 하여금 적극적으로 위증을 교사하는 일이 만연히 일어나고 있습니다.

10. 위증의 사례

충청북도 충주시에 사는 최 모씨는 음주운전을 하다가 앞서가는 차량을 충격한 교통사고를 낸 뒤 도주하고서도 면허취소 또는 형사처벌을 면하고자 피해자인 장 모씨에게 당시 술냄새가 나지도 않았고 도주한 사실이 없다는 취지로 위증을 교사하였습니다.

전라남도 순천시에 사시는 강 모씨는 민사소송에서 승소하기 위해 매매계약서가 위조된 것이라고 고소하여 오히려 무고죄로 기소된 사건에서 증인에게 매매계약서가 위조된 것으로 위증을 교사하였고 증인으로 하여금 당시 계약을 체결한 장소는 단전으로 인하여 계약서를 작성할 수 없었다는 취지로 위증하도록 교사하여 허위의 증언을 한 것입니다.

인터넷의 채팅으로 만난 피해자 박 모씨를 강제추행하는 과정에서 친구인 양 모씨에게 형사라는 호칭을 하는 등 자신들이 형사라는 행세를 하였음에도 위 양 모씨에게 위와 같은 호칭을 한 사실이 없다는 취지로 위증을 교사하고 양 모씨는 박 모씨의 위증 교사에 따라 위와 같은 위증을 한 것입니다.

제2절 모해위증죄

1. 처벌규정

형법 제152조 제2항 모해위증죄는 형사사건 또는 징계사건에 관하여 피고인, 피의자 또는 징계혐의자를 모해할 목적으로 형법 제152조 제1항 위증죄를 범한 때에는 10년 이하의 징역에 처하는 무거운 형벌입니다.

2. 모해할 목적

모해할 목적은 형법 제152조 제2항 모해위증죄의 법 정의에도 나와 있듯이 피고인, 피의자 또는 징계혐의자를 불리하게 할 목적을 의미하는 것으로서 모해위증죄에 있어서 허위의 진술의 대상이 되는 사실에는 공소 범죄사실을 직접 또는 간접적으로 뒷받침하는 사실은 물론 이와 밀접한 관련이 있는 것으로서 만일 그것이 사실로 받아들여진다면 피고인, 피의자 또는 징계혐의자가 불리한 상황에 처하게 되는 사실도 여기에 포함됩니다.

따라서 모해할 목적은 허위의 진술을 함으로써 피고인, 피의자 또는 징계혐의자에게 불리하게 될 것이라는 인식이 있으면 충분하고 그 결과의 발생을 희망할 필요는 없는 것입니다. 법률에 의하여 선서한 증인이 허위의 진술을 한 때에 성립합니다. 그래서 모해위증죄는 법정형이 위증죄에 비하여 두 배나 형량이 높고 벌금형으로 할 수 없고 징역형으로 처벌하도록 규정하고 있습니다.

모해위증죄는 위증죄와 다르게 '모해목적' 이라는 초과주관적인 구성요건요소로서 가중된 부진정 목적범입니다. 모해위증죄를 적용하여 기소를 하거나 유죄를 선고함에 있어서는 증언내용이 기억에 반하는 그 허위의 진술 여부도 중요하겠지만 그에 못지않게 형사사건이나 징계사건에 관련하여 피고인, 피의자 또는 징계혐의자를 모해할 목적이 있는가의 여부도 중요합니다.

형사사건이나 징계사건에서 피고인, 피의자 또는 징계혐의자에게 처벌을 받게 할 목적으로 거짓 증언을 했을 경우는 '모해위증죄' 가 성립합니다.

3. 성립요건

모해위증죄가 성립되려면 우선 (1)법률에 의하여 선서한 증인이어야 합니다. (2) 형사사건이나 징계사건의 피고인, 피의자 또는 징계혐의자를 모해할 목적이 있어야 합니다. (3)허위의 진술을 하였어야 형법 제152조 제2항 모해위증죄의 법 정의에도 나와 있듯이 모해위증죄가 성립합니다.

법률에 의하여 선서한 증인이 모해위증죄의 주체입니다.

선서를 하지 않으면 허위의 진술을 한 증인나 형사사건에서 당사자나 증언거부권을 고지 받지 못한 상태로 허위의 진술을 한 모해위증죄가 성립하지 않아 처벌할 수 없습니다.

모해의 목적은 형사사건이나 징계사건에서 불리하게 할 목적을 의미합니다. 반드시 피고인이나 피의자를 처벌시켜야 한다는 인식까지 필요한 것은 아니고 허위의 증언으로 인하여 형사사건이나 징계사건에서 피고인, 피의자 또는 징계혐의자가 불리하게 된다는 사정만 인식하였어도 인정됩니다.

제2장 위증죄 모해위증죄 고소장 작성방법

1. 위증죄 모해위증죄 고소장

위증죄나 모해위증죄 범죄의 피해자 또는 그와 일정한 관계가 있는 고소권자가 범죄의 피해사실을 피고소인의 주소지를 관할하는 경찰서에 범죄사실을 신고하여 범인의 처벌을 요구하는 의사표시를 실무에서는 '고소장' 이라고 부릅니다.

2. 고소장 작성방법

위증죄 및 모해위증죄 고소장은 작성방법이 정해진 것은 없지만 고소장은 피고소인에 대하여 범죄혐의 인정될 수 있도록 작성하고 수사를 담당하는 조사담당자 사법경찰관이 위증죄나 모해위증죄의 고소장만 읽고도 피고소인의 위증이나 모해위증의 범죄혐의가 유죄로 인정되도록 심증을 움직이는 데 초점을 맞추고 고소사실을 논리적으로 기재하여야 효과적입니다.

고소장의 첫째 쪽은 위증죄 모해위증죄 고소장의 접수와 수사기관의 내부적인 결재 등을 위하여 상당한 공간이 필요하므로 A-4용지 상단 중앙에 큰 글자로 '고소장' 이라고 표시하고 그 아래로 고소인과 피고소인의 이름을 적고 그 아래로 고소장을 제출하는 수사기관의 명칭을 예를 들어 '전라남도 여수경찰서장 귀중' 이라고 기재하여 고소장의 첫 페이지를 작성하는 것이 좋습니다.

고소장의 둘째 쪽 상단 중앙으로 '고소장' 이라고 기재하고 그 아래로 고소인의 인적사항을 기재하고 그 아래로 피고소인의 인적사항을 기재하고 그 아래로 조금 큰 글자로 '고소취지' 라고 기재하고 그 아래로 예를 들어 고소인은 피고소인을 위증죄, 모해위증죄로 고소하오니 피고소인을 철저히 수사하여 법에 준엄함을 절실히 깨달을 수 있도록 엄벌에 처하여 주시기 바랍니다. 라고 기재하고 그 아래로 조금 큰 글자로 '고소사실' 이라고 기재하고 예를 들어 피고소인이 선서하고 어떠한 허위의 진술을 하였다는 것인지 무슨 내용에 대하여 기억에 반하는 진술을 하였다는 것인지 고소취지를 뒷받침할 수 있도록 구체적으로 피해사실을 기재하여야 하고 그 아래로 조금 큰 글자로 '증거자료 및 첨부서류' 라고 기재하고 그 아래로 고소장을 제출하는 날짜를 기재하고 그 아래 하단 중앙에 고소장을 제출하는 수사기관의 명칭을 기재하시면 됩니다.

3. 범죄사실(고소사실)

범죄사실(예컨대 고소사실)에 대해서는 고소장을 통하여 많이 정확하게 알아야 피고소인의 위증 및 모해위증의 혐의를 평가할 수 있듯이 '고소사실' 에는 고소인과 피고소인 간에 발생하였던 사실들을 보다 자세하게 고소장에 기재하고 고소장에 기재된 사실들은 어떤 이유에서 왜 사실임을 인정할 수 있는가를 수사를 담당하는 조사담당자에게 설명하는 식으로 작성하여야 더 좋습니다.

4. 증거자료 수집

위증죄 및 모해위증죄 고소장은 피고소인의 어떤 행위가 진실에 반하고 왜 허위의 진술인지 무슨 이유로 위증죄 및 모해위증죄가 성립하는 것이지 그 여부를 고소인이 잘 판단하여야 합니다. 피고소인에 대한 행위가 충분히 위증이나 모해위증이 인정될 수 있다고 판단되는 경우에는 고소장을 작성하기 이전에 범죄사실을 입증하는 증거자료를 수집하는 절차를 밟아야 합니다.

위증죄나 모해위증죄로 고소장을 작성하려면 먼저 기억에 반하는 허위의 진술을 하였다는 범죄사실을 입증할 증거로서 고소인에게 무슨 증거가 있는지 잘 따져보아야 합니다. 피해자가 피해를 입은 사실은 있지만 허위의 진술을 입증하거나 선서를 한 부분을 입증할 증거가 없는 경우도 굉장히 많습니다. 증거가 부족한 경우에는 자칫 무고죄가 성립할 수도 있으므로 조심해야 합니다.

5. 고소진술 준비 방법

기억에 반하는 진술이나 허위의 진술 중 중요한 부분은 별도로 용지에 메모를 해 두었다가 고소장에 옮겨 적은 경우 실수를 제거할 수도 있고 고소인이 직접 피고소인의 허위의 진술부분을 정리하는 경우 고소사실을 보다 명확하게 알 수 있기 때문에 고소진술을 할 때도 많은 도움이 될 수 있습니다. 따라서 고소장에는 생소한 법률용어가 많이 들어가고 내용도 복잡하고 어려운 부분이 많기 때문에 고소인이 고소사실을 직접 쓰지 않으면 고소진술을 할 때 고소장에 기재한 내용과 전혀 다른 진술을 하는 분들이 많습니다.

위증이나 모해위증죄로 고소한 후 경찰서에 고소인이 직접 출석하여 고소인이 피고소인의 위증이나 모해위증으로 입은 피해사실을 진술하는 것은 고소사건의 유무죄에 중요한 의미를 가집니다. 고소인으로서는 물론 고소장도 그만큼 잘 작성하여야 합니다. 그러나 고소진술도 고소장 이상으로 중요합니다. 고소인으로서는 고소진술을 위해 피고소인의 위증이나 모해위증내용을 입증하려면 많은 연습을 해야 합니다.

고소진술을 할 때는 우선 피고소인이 산서를 하고 어떤 내용을 기억에 반하는 진술인지 왜 허위의 진술이라는 것인지 고소사실을 명확하게 잘 정리해 수사를 담당하는 조사담당자의 면전에서 고소사실을 쉽게 알 수 있고 위증사실로 피해사실을 진술을 잘 해야 합니다. 대부분 고소인들은 고소진술을 잘 하지 못합니다. 그래서 고소사건을 망치는 경우가 굉장히 많습니다.

고소인이 당황한 나머지 위증과 모해위증으로 피해 입은 사실을 설명하는데 두서가 없고 체계가 없고 비논리적이라 사법경찰관으로서는 고소인이 무슨 말을 하는지 또한 무엇이 중요한 것인지 잘 구별하지 못하고 엉뚱한 진술을 많이 하는 편입니다. 이렇게 되면 아무리 잘 쓴 위증죄 모해위증죄 고소장이라고 하더라도 소화가 안 됩니다. 만족하고 좋은 결과를 얻기 위해서는 고소장도 잘 써야 하고 고소진술도 잘 해야 목적을 달성할 수 있습니다.

피고소인의 진술이 왜 기억에 반하는 것인지 무슨 이유로 진실이 아닌 허위의 진술이라는 것인지를 위증죄와 모해위증죄의 법 정의에도 나와 있듯이 성립요건에 맞는 범죄의 구성요건 그리고 증거자료는 어떤 것이 있는지 충분히 설명할 수 있는 진술하는 요령을 연습해야 하고 고소사실을 입증하려면 철저한 준비를 해야 합니다.

6. 증거수집 절차

위증죄나 모해위증죄의 고소사건에 대한 수사가 시작되면 피고소인은 정보공개청구로 고소인이 제출한 고소장을 교부받아 고소한 위증과 모해위증의 혐의를 파악하고 피고소인이 어떠한 변명을 하고 법망을 빠져나가려고 나옵니다. 고소인으로서는 피고소인이 어떤 변명이나 사실과 다른 엉뚱한 진술을 할 경우까지 예상하고 증명가능 한 증거자료와 함께 증거설명서를 작성해 수사를 담당하는 조사담당자에게 제출하고 설명하는 것이 더 좋습니다.

고소를 할 때는 위증이나 모해위증의 범죄혐의 인정될 수 있도록 고소장을 작성하여 제출하고 고소사실을 증명할 수 있고 뒷받침할 수 있는 증거자료를 첨부하여야 합니다. 위즈과 모해위증의 혐의는 고소장이나 고소진술만으로 범죄가 증명되는 것은 아닙니다. 고소사실을 유죄로 입증하기 위한 충분한 증거자료를 수집하여 제출하고 증거에 대한 설명을 하여야 사법경찰관이 유죄의 심증을 가지고 조사를 해야 효과적입니다.

법을 잘 모르는 분들은 위증이나 모해위증에 대한 고소사실을 증명할 증거가 무엇인지 어떻게 입증해야 하는지 잘 모릅니다. 위증죄나 모해위증죄의 고소는 무엇보다도 고소사실을 증명하기 위해서는 가능한 기억에 반하는 진술과 허위의 진술임을 밝힐 수 있는 물적 증거를 많이 확보하는 것이 중요합니다. 증거가 부족하다고 생각하는 경우 고소인이 직접 참고인이나 목격자를 찾아가 사실확인서를 확보하는 것이 좋습니다. 아니면 중요한 증인의 진술서를 자필로 작성하도록 하고 공증사무실에서 공증하여 고소장에 첨부하고 그에 대한 설명을 하는 것이 더 좋습니다.

7. 증거설명서 및 뒷받침할 자료

위증죄 및 모해위증죄 고소장에는 허위의 진술이나 기억에 반하는 진술의 범죄사실을 입증하는 증거자료를 첨부하는 때에는 처음부터 고소장을 제출할 때 첨부하여 증거를 모두 낼 것인지 아니면 고소진술 후에 낼 것인지를 판단할 필요가 있습니다.

그 이유는 수사초기에 많은 증거자료를 제출하는 경우 수사를 담당하는 조사담당자가 심리적으로 부담을 가질 수 있으므로 처음에는 간단한 증거를 제출하였다가 수사가 진행되는 과정을 감안하여 추가로 증거자료를 제출하고 증거설명서를 같이 내는 것이 더 효과적입니다.

증거자료를 제출할 때는 증거만 제출하지 말고 반드시 그 증거에 대한 증거설명서를 작성하여 같이 제출하는 것이 더 좋습니다. 수사를 담당하는 조사담당자는 한 기일에 수많은 사건들을 조사하기 때문에 증거에 대한 증거설명서가 첨부되어 있지 않은 경우 기억을 할 수 없으므로 증거목록을 일목요연하게 정리하고 표지를 증거자료라고 붙이고 증거에 대한 설명을 하는 것이 훨씬 효과적입니다.

무턱 대고 증거만 제출하는 경우 수사를 담당하는 조사담당자가 그 증거의 내용을 파악하기도 힘들고 어렵기 때문에 고소인에게 도움이 되지 않습니다. 반드시 증거는 증거에 관한 설명을 하는 것이 아주 좋습니다. 그 증거설명서만 읽고도 그 증거의 내용을 사법경찰관이 파악하기 쉽게 작성해 제출하는 것이 바람직합니다.

8. 사실적인 말 평가적인 말의 순서

위증죄나 모해위증죄의 고소장에는 예를 들어 피고소인이 언제 어느 법원의 법정에 출석하여 재판장 앞에서 선서를 하고 재판장의 어떤 신문에 대하여 기억에 반하거나 허위의 진술을 하였다는 말은 사실적인 말이고, 피고소인은 위증과 모해위증을 했습니다. 이런 말은 평가적인 말입니다. 위증죄 및 모해위증죄의 고소장에는 90%의 사실적인 말과 10%의 평가적인 말들로 작성되어져야 합니다.

주로 육하원칙에 의한 사실적인 말들로 위증죄나 모해위증죄의 고소장을 작성하여야 하고 평가적인 말은 고소취지와 피고소인의 범죄혐의 인정할 수 있다는 설명에서만 기재하는 것이 바람직합니다.

위증이나 모해위증의 범죄가 발생한 날이 빠른 것부터 고소장에 기재하고 가급적이면 같은 날에 발생한 것은 같은 항에 다음 날에 발생된 사실들은 그 다음 항에 기재하고 여러 차례에 걸쳐 위증을 하고 모해위증을 한 경우 한눈으로 볼 수 있도록 종합 정리하여 한 항에 쓸 경우도 많습니다. 예를 들어'범죄일람표'라고 기재하는 것이 좋습니다.

제3장 위증죄, 모해위증죄 고소방법

1. 고소장 접수방법

위증죄 또는 모해위증죄에 대한 1차적 수사권은 경찰에 있으므로 위증죄모해위증죄 고소장은 피고소인의 주소지를 관할하는 경찰서에 접수하여야 합니다.

다만 피고소인의 인적사항을 알지 못하고 피고소인의 기본정보로 휴대전화 등을 위증죄 모해위증죄 고소장에기재하시면 수사를 담당하는 사법경찰관이 사안에 따라서 피고소인의 기본정보(휴대전화 등)를 활용하여 검사에게 압수수색 영장을 신청하여 피고소인의 인적사항을 추적 수사하여 피고소인을 출석시켜 조사가 이루어집니다.

2. 조사의 방법

사법경찰관은 위증죄나 모해위증죄 고소장이 경찰서에 접수되면 고소사건의 경위
와 피의사실을 먼저 파악하기 위하여 고소인을 상대로 피해진술부터 받고 피고소
인을 출석시켜 범죄혐의를 추궁하는 조사를 합니다.

3. 사법경찰관의 처분

사법경찰관이 수사한 결과와 판단으로 피의자에 대하여 위증이나 모해위증의 범죄 혐의가 인정되면 기소의견으로 검찰에 송치하고 피의자에 대한 범죄혐의 인정되지 않는다고 판단하면 불송치(사법경찰관이 수사한 결과로 피의자에 대한 범죄혐의가 인정되지 않는다고 판단하고 기소의견으로 검찰에 송치하지 않고 경찰수사만으로 위증죄 모해위증죄 고소사건을 종결한다는 뜻입니다)결정을 할 수 있습니다.

4. 불송치 결정의 통지

사법경찰관이 수사한 결과 위증죄 모해위증죄 고소사건을 불송치 결정을 하는 때에 사법경찰관은 7일 이내에 서면으로 고소인에게 위증죄나 모해위증죄의 고소사건에 대하여 기소의견으로 검찰에 송치하지 아니한 취지와 그 이유를 통지하여야 합니다.

5. 불송치 결정에 대한 이의신청

사법경찰관으로 하여금 불송치 결정을 통지받은 고소인은 그 사법경찰관 소속 관서의 장인 경찰서장에게 이의신청을 할 수 있습니다. 형사소송법을 개정하면서 이의신청의 기간을 별도로 정하지 않았으므로 고소인은 위증죄나 모해위증죄의 공소시효가 만료되기 전이라면 언제든지 불송치 결정에 대한 이의신청을 할 수 있습니다.

사법경찰관은 고소인이 제출한 이의신청을 받은 경우 지체없이 이의신청서와 지금까지 사법경찰관이 수사한 위증죄 모해위증죄 사건기록 및 증거물을 검사에게 송부하여야 합니다.

6. 검사의 재수사 요청 여부의 판단

검사는 고소인이 제출한 이의신청서와 사법경찰관이 작성한 수사기록 및 증거물을 면밀히 비교, 검토하여 사법경찰관이 위증죄나 모해위증죄 고소사건을 기소의견으로 검찰에 송치하지 않고 불송치 결정을 한 것이 위법 또는 부당하다고 판단하면 90일 이내에 사법경찰관에게 재수사를 요청하고 최종적으로 기소 여부를 판단하여야 합니다.

7. 이의신청의 사유

위증죄나 모해위증죄 고소장은 피의자에 대한 허위의 진술에 대한 유죄가 인정될 수 있도록 사법경찰관에게 설명하는 식으로 고소장을 작성하여야 하고, 위증죄나 모해위증죄가 불송치 결정이 나오지 않도록 설명하는 식으로 작성하여야 더 효과적입니다.

불송치 결정이 나온 경우 이의신청서를 통하여 검사에게 사법경찰관이 작성한 불송치이유는 어떠한 이유에서 왜 법적근거가 잘못되었다는 것인지 불송치이유의 위법이나 부당한 이유를 밝혀야 합니다.

또한 검사가 이의신청서만 읽고도 불송치이유가 잘못되었는지 즉성에서 조사할 수 있도록 작성하여야 검사가 이의신청서를 받아들여 사법경찰관에게 재수사를 하게하고 기소 여부를 결정합니다.

제4장 관련 판례 요지

1. 위증죄의 구성요건인 '법률에 의하여 선서한 증인'의 의미

판결 요지

[1] 위증죄와 형사소송법의 취지, 정신과 기능을 고려하여 볼 때, 형법 제152조 제1항에서 정한 '법률에 의하여 선서한 증인'이라 함은 '법률에 근거하여 법률이 정한 절차에 따라 유효한 선서를 한 증인'이라는 의미이고, 그 증인신문은 법률이 정한 절차 조항을 준수하여 적법하게 이루어진 경우여야 한다고 볼 것이다.

[2] 위증죄의 의의 및 보호법익, 형사소송법에 규정된 증인신문절차의 내용, 증언거부권의 취지 등을 종합적으로 살펴보면, 증인신문절차에서 법률에 규정된 증인 보호를 위한 규정이 지켜진 것으로 인정되지 않은 경우에는 증인이 허위의 진술을 하였다고 하더라도 위증죄의 구성요건인 "법률에 의하여 선서한 증인"에 해당하지 아니한다고 보아 이를 위증죄로 처벌할 수 없는 것이 원칙이다.

[3] 재판장이 신문 전에 증인에게 증언거부권을 고지하지 않은 경우에도 당해 사건에서 증언 당시 증인이 처한 구체적인 상황, 증언거부사유의 내용, 증인이 증언거부사유 또는 증언거부권의 존재를 이미 알고 있었는지 여부, 증언거부권을 고지 받았더라도 허위진술을 하였을 것이라고 볼 만한 정황이 있는지 등을 전체적·종합적으로 고려하여 증인이 침묵하지 아니하고 진술한 것이 자신의 진정한 의사에 의한 것인지 여부를 기준으로 위증죄의 성립 여부를 판단하여야 한다.

2. 선서한 증인이 같은 기일에 여러 가지 사실에 관하여 기억에 반하는 허위의 진술을 한 경우

판결 요지

하나의 사건에 관하여 한 번 선서한 증인이 같은 기일에 여러 가지 사실에 관하여 기억에 반하는 허위의 진술을 한 경우 이는 하나의 범죄의사에 의하여 계속하여 허위의 진술을 한 것으로서 포괄하여 1개의 위증죄를 구성하는 것이고 각 진술마다 수 개의 위증죄를 구성하는 것이 아니므로, 당해 위증 사건의 허위진술 일자와 같은 날짜에 한 다른 허위진술로 인한 위증 사건에 관한 판결이 확정되었다면, 비록 종전 사건 공소사실에서 허위의 진술이라고 한 부분과 당해 사건 공소사실에서 허위의 진술이라고 한 부분이 다르다 하여도 종전 사건의 확정판결의 기판력은 당해 사건에도 미치게 되어 당해 위증죄 부분은 면소되어야 한다.

3. 자기의 형사피고사건에 관하여 타인을 교사하여 위증하게 한 경우, 위증교사죄의 성립 여부

판결 요지

[1] 피고인이 자기의 형사사건에 관하여 허위의 진술을 하는 행위는 피고인의 형사소송에 있어서의 방어권을 인정하는 취지에서 처벌의 대상이 되지 않으나, 법률에 의하여 선서한 증인이 타인의 형사사건에 관하여 위증을 하면형법 제152조 제1항의 위증죄가 성립되므로 자기의 형사사건에 관하여 타인을 교사하여 위증죄를 범하게 하는 것은 이러한 방어권을 남용하는 것이라고 할 것이어서 교사범의 죄책을 부담케 함이 상당하다.

4. 자기의 범죄사실을 은폐하기 위한 허위진술과 위증죄의 성부

판결 요지

가. 위증죄는 선서를 한 증인이 허위진술을 함으로써 성립하는 죄이며 국가의 재판권, 징계권을 적정하게 행사하기 위한 것이 그 주된 입법이유이다.

나. 증인으로 선서한 이상 진실대로 진술한다고 하면 자신의 범죄를 시인하는 진술을 하는 것이 되고 증언을 거부하는 것은 자기의 범죄를 암시하는 것이 되어 증인에게 사실대로의 진술을 기대할 수 없다고 하더라도 형사소송법상 이러한 처지의 증인에게는 증언을 거부할 수 있는 권리를 인정하여 위증죄로부터의 탈출구를 마련하고 있는 만큼 적법행위의 기대 가능성이 없다고 할 수 없으므로 선서한 증인이 증언거부권을 포기하고 허위의 진술을 하였다면 위증죄의 처벌을 면할 수 없다.

5. 형법 제152조 제2항의 모해위증죄에 있어서 '모해할 목적'의 의미

판결 요지

형법 제152조 제2항의 모해위증죄에 있어서 '모해할 목적'이란 피고인·피의자 또는 징계혐의자를 불리하게 할 목적을 말하고, 허위진술의 대상이 되는 사실에는 공소 범죄사실을 직접, 간접적으로 뒷받침하는 사실은 물론 이와 밀접한 관련이 있는 것으로서 만일 그것이 사실로 받아들여진다면 피고인이 불리한 상황에 처하게 되는 사실도 포함된다. 그리고 이러한 모해의 목적은 허위의 진술을 함으로써 피고인에게 불리하게 될 것이라는 인식이 있으면 충분하고 그 결과의 발생까지 희망할 필요는 없다.

6. 자기의 형사피고사건에 관하여 타인을 교사하여 위증하게 한 경우, 위증 교사죄의 성립 여부

피고인이 자기의 형사사건에 관하여 허위의 진술을 하는 행위는 피고인의 형사소송에 있어서의 방어권을 인정하는 취지에서 처벌의 대상이 되지 않으나, 법률에 의하여 선서한 증인이 타인의 형사사건에 관하여 위증을 하면 형법 제152조 제1항의 위증죄가 성립되므로 자기의 형사사건에 관하여 타인을 교사하여 위증죄를 범하게 하는 것은 이러한 방어권을 남용하는 것이라고 할 것이어서 교사범의 죄책을 부담케 함이 상당하다.

7. 위증죄의 구성요건

판결 요지

위증죄에 있어서의 위증은 법률에 의하여 적법하게 선서한 증인이 자신의 기억에 반하는 사실을 진술함으로써 성립되고 설사 그 증언이 객관적 사실과 합치한다고 하더라도 기억에 반하는 진술을 한 때에는 위증죄의 성립에 영향이 없으며 그 증언이 당해 사건의 요증사항인 여부 및 재판의 결과에 영향을 미친여부는 위증죄의 성립에 아무런 관계가 없다.

위증죄에 있어서의 위증은 법률에 의하여 적법하게 선서한 증인이 자신의 기억에 반하는 사실을 진술함으로써 성립되고 설사 그 증언이 객관적 사실과 합치한다고 하더라도 기억에 반하는 진술을 한 때에는 위증죄의 성립에 영향이 없으며, 그 증언이 당해 사건의 요증사항인 여부 및 재판의 결과에 영향을 미친 여부는 위증죄의 성립에 아무런 관계가 없 할 것이다.

8. 위증죄에 있어서 진술의 허위 여부에 대한 판단방법

위증죄에서 증인의 증언이 기억에 반하는 허위의 진술인지 여부는 증언의 단편적인 구절에 구애될 것이 아니라 당해 신문절차에서의 증언 전체를 일체로 파악하여 판단하여야 한다.

증언의 전체적 취지가 객관적 사실에 일치하고 그것이 기억에 반하는 진술이 아니라면 극히 사소한 부분에 관하여 기억과 불일치하는 점이 있다 하더라도 그것이 신문취지의 몰이해나 착오로 인한 진술이라고 인정되면 위증죄는 성립될 수 없다.

위증죄에서 증인의 증언이 기억에 반하는 허위의 진술인지 여부는 그 증언의 단편적인 구절에 구애될 것이 아니라 당해 신문절차에서의 증언 전체를 일체로 파악하여 판단하여야 하고(당원 1988.12.6. 선고 88도935 판결; 1991.5. 10. 선고 89도1748 판결; 1993.6.29. 선고 93도1044 판결 등 참조), 증언의 전체적 취지가 객관적 사실에 일치하고 그것이 기억에 반하는 진술이 아니라면 극히 사소한 부분에 관하여 기억과 불일치하는 점이 있다 하더라도 그것이 신문취지의 몰이해나 착오로 인한 진술이라고 인정되면 위증죄는 성립될 수 없다(당원 1982.9.14. 선고 81도105 판결; 1983.2.8. 선고 81도207 판결등 참조).

9. 증언이 사실에 부합되는 여부와 위증죄 성립여부

판결 요지

위증은 법률에 의하여 적법히 선서한 증인이 자기 기억에 반하는 사실을 진술하므로써 성립하는 것이므로 자기의 기억에 반하는 사실을 진술하였다면 설사 그 증인이 사실에 부합된다고 할지라도 위증죄가 성립된다.

위증죄에 있어서의 위증은 법률에 의하여 적법히 선서한 증인이 자기의 기억에 반하는 사실을 진술함으로써 성립하는 것이므로 자기의 기억에 반하는 사실을 진술하였다면 설사 그 증언이 사실에 부합된다고 할지라도 위증죄가 성립된다고 할 것이다(대법원 1972.8.29 선고 72도1549 판결 참조)

10. 위증죄에 있어서 허위의 공술의 의미

판결 요지

위증죄에 있어서의 허위의 공술이란 증인이 자기의 기억에 반하는 사실을 진술하는 것을 말하는 것으로서 그 내용이 객관적 사실과 부합한다고 하여도 위증죄의 성립에 장애가 되지 않는다.

위증죄에 있어서의 허위의 공술이란 증인이 자기의 기억에 반하는 사실을 진술하는 것을 말하는 것으로서 그 내용이 객관적 사실과 부합한다고 하여도 위증죄의 성립에 장애가 되지 않는다.

증언을 함에 있어서 피고인이 이 사건 임야를 관리하기 전에 공소외인이 위 임야의소유자로서 이를 관리한 여부는 피고인으로서는 모르는 일이었음에도 불구하고 피고측 변호사의 신문에 대하여 "증인이 관리하기 전에도 공소외인은 위 임야에 대하여 사실상 소유자로서 관리하여 온 것이 틀림없다" 는 취지로 자기의 기억에 반하는 답변을 함으로써 허위의 공술을 하였음이 넉넉히 인정되므로, 위 공소외인이 실제로 위 임야를 사실상 소유자로서 관리한 여부와는 관계없이 피고인은 위증죄의 죄책을 면할 수 없다.

11. 경험한 사실에 대한 주관적 평가나 법률적 효력에 대한 의견의 진술이 위증죄의 대상이 되는지 여부

판결 요지

위증죄는 증인이 사실에 관하여 기억에 반하는 사실을 진술함으로써 성립하고 경험한 사실에 대한 주관적 평가나 법률적 효력에 관한 의견의 진술은 위증죄의 대상이 되지 않는다.

위증죄는 증인이 경험한 사실에 관하여 기억에 반하는 사실을 진술함으로써 성립하고 경험한 사실에 대한 주관적 평가나 법률적 효력에 관한 의견의 진술은 위증죄의 대상이 되지 않으므로 위와 같은 증언내용을 위증죄로 의율할 수는 없는 것이다.

12. 가. 위증죄가 성립하려면 증언내용이 요증사실이나 재판의 결과에 영향을 미치는 사항에 관한 것이어야 하는지 여부 나. 어떠한 사실을 "안다" 라는 증언이 위증이 되기 위한 요건

판결 요지

가. 진술내용이 당해 사건의 요증사항이 아니라거나 재판의 결과에 영향을 미친바 없다고 하여도 선서한 증인이 그 기억에 반하여 허위의 진술을 한 것이라면 위증죄의 죄책을 면할 수 없다.

나. 일반적으로 증인이 어떠한 사실을 "안다"고 진술하는 경우에는 증인이 직접 경험하거나 또는 타인의 경험한 바를 전해 들어서 알게 된 사실을 진술하는 것이므로 이와 같이 알게 된 경위가 어떤 것인지를 가려 내어 그것이 피고인의 기억에 반하는지의 여부를 판단하여야 할 것이고 그 진술이 객관적인 사실과 다르다는 것만으로 곧 기억에 반하는 진술이라고 단정할 수는 없다.
피고인이 그 기억에 반하여 허위의 진술을 한 것임이 넉넉히 인정되고 그 증거취사과정에도 아무런 위법이 없으며, 또 위 진술내용이 당해 사건의 요증사항이 아니라거나 재판의 결과에 영향을 미친 바 없다고 하여도 위증죄의 죄책을 면할 수 없다. 일반적으로 증인이 어떠한 사실을 "안다"고 진술하는 경우에는 증인이 직접 경험하거나 또는 타인의 경험한 바를 전해 들어서 알게 된 사실을 진술하는 것이므로 이와 같이 알게 된 경위가 어떤 것인지를 가려내어 그것이 피고인의 기억에 반하는지의 여부를 판단하여야 할 것이고 그 진술이 객관적인 사실과 다르다는 것만으로 곧 기억에 반하는 진술이라고 단정할 수는 없다고 할 것이다.

13. 잘 모르는 사실을 단정 증언한 경우 위증죄의 성부

판결 요지

공소외인이 법원에 출석하여 당사자 본인신문에 응하여 진술한 사실을 모르고 증언을 한 것이라 하더라도 위 공소외인이 피고인의 형수이고 그 민사소송사건의 이해관계인(당사자 본인)이어서 동인이 법원에 출석진술할 여지가 있었음에도 이러한 사실을 확인함이 없이 동인은 의사표시의 능력도 없는 사람이고 법정에 서서 진술한 사실이 전혀 없는 노인이라고 단정 증언하였음은 기억에 반한 진술이라고 하지 않을 수 없다.

판결 이유

공소외인이 1982.2.1 판시 사건으로 당해법원에 출석하여 당사자 본인신문에 응하여 진술한 사실을 모르고 피고인이 판시와 같은 증언을 한 것이라 하더라도 기록에 의하면 공소외인은 피고인의 형수이고 위 민사소송사건의 이해관계인(당사자 본인)인 사실을 엿볼 수 있으므로 동인이 법원에 출석진술할 여지도 있을 것이므로 이러한 사실을 확인함이 없이 잘모르는 사실을 의사표시의 능력도 없는 사람이고 법정에 시시 진술한 사실이 전혀없는 노인이라고 단정 증언하였음은 기억에 반한 진술이라고 하지 않을 수 없고 따라서 위증죄의 범의가 없었다고 볼 수 없다.

14. 증인의 증언이 기억에 반하는 허위진술인지 여부의 판단방법

판결 요지

증인의 증언이 기억에 반하는 허위진술인지 여부는 그 증언의 단편적인 구절에 구애될 것이 아니라 당해 신문절차에 있어서의 증언 전체를 일체로 파악하여 판단하여야 할 것이고, 증언의 전체적 취지가 객관적 사실과 일치되고 그것이 기억에 반하는 공술이 아니라면 사소한 부분에 관하여 기억과 불일치하더라도 그것이 신문취지의 몰이해 또는 착오에 인한 것이라면 위증이 될 수 없는 것이다.

판결 이유

증인의 증언이 기억에 반하는 허위진술인지 여부는 그 증언의 단편적인 구절에 구애될 것이 아니라 당해 신문절차에 있어서의 증언 전체를 일체로 파악하여 판단하여야 할 것이고(당원 1993.9.14. 선고 93도1743 판결 참조), 증언의 전체적 취지가 객관적 사실과 일치되고 그것이 기억에 반하는 공술이 아니라면 사소한 부분에 관하여 기억과 불일치하더라도 그것이 신문취지의 몰이해 또는 착오에 인한 것이라면 위증이 될 수 없는 것이다.(당원 1982.9 .14. 선고 81도105 판결 참조)

위증죄, 모해위증죄 고소장 최신서식

고   소   장

고 소 인 : ○   ○   ○
피 고 소 인 : ○   ○   ○

인천광역시 강화경찰서장 귀중

고　　소　　장

1.고소인

성　　명	○ ○ ○	주민등록 번호	생략
주　　소	인천광역시 강화군 ○○로 ○길 ○○, ○○○호		
직　　업	생략	사무실 주　소	생략
전　　화	(휴대폰) 010 - 9000 - 0000		
대리인에 의한 고　　소	□ 법정대리인 (성명 :　　,　　　　연락처　　　　　　) □ 소송대리인 (성명 : 변호사,　　연락처　　　　　　)		

2.피고소인

성　　명	○ ○ ○	주민등록번호	생략
주　　소	인천광역시 서구 ○○로 ○○길 ○○○,		
직　　업	상업	사무실 주　소	생략
전　　화	(휴대폰) 010 - 8801 - 0000		
기타사항	고소인과의 관계 - 친·인척관계 없습니다.		

3. 고소취지

고소인은 피고소인에 관하여 다음과 같이 형법 제152조 제1항 위증죄로 고소하오니 법에 준엄함을 깨달을 수 있도록 철저히 수사하여 엄벌에 처해 주시기 바랍니다.

4. 범죄사실

(1) 피고소인과 고소인의 관계

○ 고소인은 주소지에 거주하며 가정주부로써 피고소인은 주소지에서 거주하며 무직자입니다.

(2) 범죄사실

○ 당시 인천지방법원 ○○○○고단○○○○호 한○○에 대한 절도피고사건에 있어서 같은 동에 사는 유○○가 증인으로 소환된 것을 알고 위 한○○를 위하여 유리한 허위진술을 시키기로 작정하고 ○○○○. ○○. ○○. 위 유○○을 한○○ 집으로 불러 피고소인의 주식을 권하면서 한○○에 대하여, 절도사건으로 증인 심문을 받게 될 때에는 자기가 동년 ○○○○. ○○. ○○. 오후 7시30분경 위 맥주홀에 갔을 때 한○○은 사무실에서 자기부인과 돈 때문에 이야기를 하고 있더라고 허위진술을 시켜서 위증을 교사하였습니다.

5. 고소이유

(1) 피고소인 유○○은 위와 같은 부탁을 받자 위 사실이 허위인 줄 알면서 이를 수락하고 같은 달 ○○. ○○. 위 한○○에 대한 절도피고사건에 있어서 인천지방법원 형사 제○○단독 재판장 ○○○ 앞에서 동 사건의 증인으로 선서한 후 재판장으로부터 심문을 받을 때 위와 같이 의뢰받은 사실과 동 취지의 허위진술을 하여서 위증을 하였습니다.

(2) 피고소인을 엄단하여 사회적으로 경각심을 고취시켜 다시는 이런 일이 생기지 않도록 하기 위하여 이건 고소에 이르렀습니다.

6. 증거자료

☐ 고소인은 고소인의 진술 외에 제출할 증거가 없습니다.

■ 고소인은 고소인의 진술 외에 제출할 증거가 있습니다.

☞ 제출할 증거의 세부내역은 별지를 작성하여 첨부합니다.

7.관련사건의 수사 및 재판여부

① 중복 고소여부	본 고소장과 같은 내용의 고소장을 다른 검찰청 또는 경찰서에 제출하거나 제출하였던 사실이 있습니다 □ / 없습니다 ■
② 관련 형사사건 수사유무	본 고소장에 기재된 범죄사실과 관련된 사건 또는 공범에 대하여 검찰청이나 경찰서에서 수사 중에 있습니다 □ / 수사 중에 있지 않습니다 ■
③ 관련 민사소송 유무	본 고소장에 기재된 범죄사실과 관련된 사건에 대하여 법원에서 민사소송 중에 있습니다 □ / 민사소송 중에 있지 않습니다 ■

8.기타

본 고소장에 기재한 내용은 고소인이 알고 있는 지식과 경험을 바탕으로 모두 사실대로 작성하였으며, 만일 허위사실을 고소하였을 때에는 형법 제156조 무고죄로 처벌받을 것임을 아울러 서약합니다.

○○○○ 년 ○○ 월 ○○ 일

위 고소인 : ○ ○ ○ (인)

인천광역시 강화경찰서장 귀중

별지 : 증거자료 세부 목록(범죄사실 입증을 위해 제출하려는 증거에 대하여 아래 각 증거별로 해당 난을 구체적으로 작성해 주시기 바랍니다)

1.인적증거

성 명	○ ○ ○	주민등록번호	생략
주 소	인천광역시 ○○구 ○○로 ○○, ○○○호	직업	회사원
전 화	(휴대폰) 010 - 2928 - 0000		
입증하려는 내 용	위 ○○○은 피고소인이 ○○○으로부터 위증할 것을 부탁받아 위증한 사실에 대하여 직접 듣고 목격한 사실이 있어 이를 입증 하고자 합니다.		

2.증거서류

순번	증 거	작성자	제출 유무
1	스타박스 영수증	피고소인	■ 접수시 제출 □ 수사 중 제출
2	진술서	진술인	■ 접수시 제출 □ 수사 중 제출
3			□ 접수시 제출 □ 수사 중 제출
4			□ 접수시 제출 □ 수사 중 제출
5			□ 접수시 제출 □ 수사 중 제출

3.증거물

순번	증 거	소유자	제출 유무	
1	진술서 등	고소인	■ 접수시 제출	□ 수사 중 제출
2			□ 접수시 제출	□ 수사 중 제출
3			□ 접수시 제출	□ 수사 중 제출
4			□ 접수시 제출	□ 수사 중 제출
5			□ 접수시 제출	□ 수사 중 제출

4.기타증거

추후 필요에 따라 제출하겠습니다.

(2)모해위증죄 고소장 - 모해위증죄 피고인에게 형사처벌을 받게 할 목적으로 허위사
실을 진술하여 처벌요구 고소장 최신서식

고   소   장

고 소 인 : ○   ○   ○

피 고 소 인 : ○   ○   ○

울산광역시 남부경찰서장 귀중

고 소 장

1.고소인

성 명	○ ○ ○	주민등록번호	생략
주 소	울산광역시 남구 ○○로 ○길 ○○, ○○○호		
직 업	생략	사무실 주 소	생략
전 화	(휴대폰) 010 - 4400 - 0000		
대리인에 의한 고 소	□ 법정대리인 (성명 : , 연락처) □ 소송대리인 (성명 : 변호사, 연락처)		

2.피고소인

성 명	○ ○ ○	주민등록번호	생략
주 소	울산광역시 남구 ○○로 ○○길 ○○○, ○○호		
직 업	상업	사무실 주소	생략
전 화	(휴대폰) 010 - 2882 - 0000		
기타사항	고소인과의 관계 - 친·인척관계 없습니다.		

3. 고소취지

고소인은 피고소인에 관하여 다음과 같이 형법 제152조 제2항 모해위증죄로 고소하오니 법에 준엄함을 깨달을 수 있도록 철저히 수사하여 엄벌에 처해 주시기 바랍니다.

4. 범죄사실

(1) 피고소인과 고소인의 관계

○ 고소인은 주소지에 주식회사 ○○건설을 운영하는 대표이사이고, 피고소인은 고소인이 운영하는 위 건설회사의 하청업체인 주식회사 진주실업이라는 회사의 경리과장으로 근무하고 있는 자입니다.

(2) 범죄사실

○ 피고소인은 고소인이 피고인으로 된 울산지방법원 ○○○○고단○○○○호 무고 피고사건의 형사재판 공판기일 ○○○○. ○○. ○○. ○○:○○ ○○○호 법정에 증인으로 출석하여 선서한 다음, 증언함에 있어서,

○ 고소인을 모해할 목적으로 사실은 피고소인이 위와 같이 고소인으로부터 금 ○,○○○만 원을 편취하였음에도 불구하고 그 사실을 숨기기 위하여 자신이 수령한 위 금원은 설비공사대금의 선수금으로 받은 것이며,

○ 따라서 회사의 회계장부에 그 매출내역을 정상적으로 기재하였다고 허위로 진술한 것입니다.

5.고소이유

(1) 피고소인은 고소인으로부터 받은 금원이 설비공사에 대한 선수금이 아니고 공사보증금임에도 불구하고 고소인의 무고죄에 대한 형사재판의 제1심 공판기일 ○○○○. ○○. ○○. ○○:○○ ○○○호에 증인으로 출석하여 검사가 증인은 피고인으로부터 선수금을 받을 때마다 회사 회계장부에 매출내역을 정상적으로 기재하였지요 라고 물음에 대하여 예라고 분명히 대답하였고, 또한 검사가 뒤이어 만약 선수금을 하청보증금 명목으로 받았다면 회계장부에 기재할 필요가 없겠지요 라고 묻자 예라고 대답하여 위증한 것입니다.(증 제1호증 증인신문조서 2쪽 관련 내용 기재되어 있습니다)

(2) 그러나 이에 대하여는 고소인이 무고죄에 대한 형사재판 항소심에서의 울산 ○○세무서에 사실조회를 촉탁한 바에 의하면 선수금 또는 공사대금 명목으로 돈을 받은 내역은 확인할 수 없다고 기재되어 있어 피고소인이 분명히 허위의 진술을 하였음이 밝혀지고 있습니다.

(3) 그렇다면 피고소인은 고소인을 모해할 목적으로 증인으로 공판기일에 출석하여 선서한 다음 위증한 것으로서 법의 질서유지 작용에 막재한 위해를 미쳤다 할 것이므로 범에 준엄함을 절실히 깨달을 수 있도록 엄벌에 처하여 주시기 바랍니다.

6.증거자료

□ 고소인은 고소인의 진술 외에 제출할 증거가 없습니다.

■ 고소인은 고소인의 진술 외에 제출할 증거가 있습니다.

☞ 제출할 증거의 세부내역은 별지를 작성하여 첨부합니다.

7.관련사건의 수사 및 재판여부

① 중복 고소여부	본 고소장과 같은 내용의 고소장을 다른 검찰청 또는 경찰서에 제출하거나 제출하였던 사실이 있습니다 □ / 없습니다 ■
② 관련 형사사건 수사유무	본 고소장에 기재된 범죄사실과 관련된 사건 또는 공범에 대하여 검찰청이나 경찰서에서 수사 중에 있습니다 □ / 수사 중에 있지 않습니다 ■
③ 관련 민사소송 유무	본 고소장에 기재된 범죄사실과 관련된 사건에 대하여 법원에서 민사소송 중에 있습니다 □ / 민사소송 중에 있지 않습니다 ■

8.기타

본 고소장에 기재한 내용은 고소인이 알고 있는 지식과 경험을 바탕으로 모두 사실대로 작성하였으며, 만일 허위사실을 고소하였을 때에는 형법 제156조 무고죄로 처벌받을 것임을 아울러 서약합니다.

○○○○ 년 ○○ 월 ○○ 일

위 고소인 : ○ ○ ○ (인)

울산광역시 남부경찰서장 귀중

별지: 증거자료 세부 목록 (범죄사실 입증을 위해 제출하려는 증거에 대하여 아래 각 증거별로 해당 난을 구체적으로 작성해 주시기 바랍니다)

1.인적증거

성 명	○ ○ ○	주민등록번호	생략	
주 소	울산광역시 ○○구 ○○로 ○○, ○○○호	직업	회사원	
전 화	(휴대폰) 010 - 2928 - 0000			
입증하려는 내 용	위 ○○○은 피고소인이 법정에서 위증한 내용을 모두 목격하여 이를 입증하고자 합니다.			

2.증거서류

순번	증 거	작성자	제출 유무
1	증인신문조서	피고소인	■ 접수시 제출 □ 수사 중 제출
2	사실조회 회신서	고소인	■ 접수시 제출 □ 수사 중 제출
3			□ 접수시 제출 □ 수사 중 제출
4			□ 접수시 제출 □ 수사 중 제출
5			□ 접수시 제출 □ 수사 중 제출

3.증거물

순번	증 거	소유자	제출 유무
1	사실조회 회신서	고소인	■ 접수시 제출　□ 수사 중 제출
2			□ 접수시 제출　□ 수사 중 제출
3			□ 접수시 제출　□ 수사 중 제출
4			□ 접수시 제출　□ 수사 중 제출
5			□ 접수시 제출　□ 수사 중 제출

4.기타증거

추후 필요에 따라 제출하겠습니다.

(3)위증죄 고소장 - 위증죄 선서한 증인이 법정에서 기억에 반하는 허위의 진술을 하여 처벌요구 고소장 최신서식

고   소   장

고 소 인 : ○   ○   ○

피 고 소 인 : ○   ○   ○

경기도 여주경찰서장 귀중

고　　소　　장

1.고소인

성　　명	○ ○ ○		주민등록번호	생략
주　　소	경기도 여주시 ○○로 ○길 ○○, ○○○-○○○호			
직　　업	생략	사무실 주　소	생략	
전　　화	(휴대폰) 010 - 6780 - 0000			
대리인에 의한 고　　소	□ 법정대리인 (성명 :　　,　　　연락처　　　　) □ 소송대리인 (성명 : 변호사,　연락처　　　　)			

2.피고소인

성　　명	○ ○ ○		주민등록번호	생략
주　　소	경기도 여주시 ○○로 ○번길 ○○, ○○○호			
직　　업	상업	사무실 주　소	생략	
전　　화	(휴대폰) 010 - 1277 - 0000			
기타사항	고소인과의 관계 - 친·인척관계 없습니다.			

3.고소취지

고소인은 피고소인에 관하여 다음과 같이 형법 제152조 제1항 위증죄로 고소하오니 법에 준엄함을 깨달을 수 있도록 철저히 수사하여 엄벌에 처해 주시기 바랍니다.

4.범죄사실

(1) 피고소인은 ○○○○. ○○. ○○. 16:00 경기도 여주시 현암로 21-12에 있는 수원지방법원 여주지원 제○○호 법정에서 위 법원 ○○○○가합○○○○호 원고 ○○○, 피고 ○○○ 사이의 대여금 청구사건의 원고 측 증인으로 출석하여 선서하였습니다.

(2) 피고소인은 증언함에 있어 사실은 원고 ○○○이 피고 ○○○에게 돈을 빌려주는 것을 본 사실이 없음에도 불구하고 그 인식에 반하여 '당시 ○○○가 피고 ○○○에게 돈 4억 원을 빌려주고 영수증까지 받는 것을 보았다.'라고 허위의 시실을 진술하여 위증하였습니다.

(3) 이에 고소인은 피고소인을 형법 제152조 제1항의 위증죄로 고소하오니 철저히 수사하여 법에 준엄함을 깨달을 수 있도록 엄벌에 처하여 주시기 바랍니다.

5.증거자료

☐ 고소인은 고소인의 진술 외에 제출할 증거가 없습니다.

■ 고소인은 고소인의 진술 외에 제출할 증거가 있습니다.

☞ 제출할 증거의 세부내역은 별지를 작성하여 첨부합니다.

6.관련사건의 수사 및 재판여부

① 중복 고소여부	본 고소장과 같은 내용의 고소장을 다른 검찰청 또는 경찰서에 제출하거나 제출하였던 사실이 있습니다 ☐ / 없습니다 ■
② 관련 형사사건 수사유무	본 고소장에 기재된 범죄사실과 관련된 사건 또는 공범에 대하여 검찰청이나 경찰서에서 수사 중에 있습니다 ☐ / 수사 중에 있지 않습니다 ■
③ 관련 민사소송 유무	본 고소장에 기재된 범죄사실과 관련된 사건에 대하여 법원에서 민사소송 중에 있습니다 ☐ / 민사소송 중에 있지 않습니다 ■

7.기타

본 고소장에 기재한 내용은 고소인이 알고 있는 지식과 경험을 바탕으로 모두 사실대로 작성하였으며, 만일 허위사실을 고소하였을 때에는 형법 제156조 무고죄로 처벌받을 것임을 아울러 서약합니다.

○○○○ 년 ○○ 월 ○○ 일

위 고소인 : ○ ○ ○   (인)

경기도 여주경찰서장 귀중

별지 : 증거자료 세부 목록 (범죄사실 입증을 위해 제출하려는 증거에 대하여 아래 각 증거별로 해당 난을 구체적으로 작성해 주시기 바랍니다)

1.인적증거

성 명		주민등록번호	
주 소		직업	
전 화	(휴대폰)		
입증하려는 내 용			

2.증거서류

순번	증 거	작성자	제출 유무	
1	선서서	고소인	■ 접수시 제출	□ 수사 중 제출
2	증인신문조서	고소인	■ 접수시 제출	□ 수사 중 제출
3			□ 접수시 제출	□ 수사 중 제출
4			□ 접수시 제출	□ 수사 중 제출
5			□ 접수시 제출	□ 수사 중 제출

3.증거물

순번	증 거	소유자	제출 유무
1	증인신문조서	고소인	■ 접수시 제출　□ 수사 중 제출
2			□ 접수시 제출　□ 수사 중 제출
3			□ 접수시 제출　□ 수사 중 제출
4			□ 접수시 제출　□ 수사 중 제출
5			□ 접수시 제출　□ 수사 중 제출

4.기타증거

추후 필요에 따라 제출하겠습니다.

고　　　소　　　장

고　소　인 :　○　　　○　　　○

피　고　소　인 :　○　　　○　　　○

경기도 평택경찰서장 귀중

고 　 소 　 장

1.고소인

성　명	○ ○ ○		주민등록번호	생략
주　소	경기도 평택시 ○○로 ○길 ○○, ○○○-○○○호			
직　업	생략	사무실 주　소	생략	
전　화	(휴대폰) 010 - 3343 - 0000			
대리인에 의한 고　소	□ 법정대리인 (성명 :　　, 　　연락처　　　　) □ 소송대리인 (성명 : 변호사,　 연락처　　　　)			

2.피고소인

성　명	○ ○ ○		주민등록번호	생략
주　소	경기도 평택시 ○○로 ○번길 ○○, ○○○호			
직　업	상업	사무실 주　소	생략	
전　화	(휴대폰) 010 - 7734 - 0000			
기타사항	고소인과의 관계 - 친·인척관계 없습니다.			

3.고소취지

고소인은 피고소인에 관하여 다음과 같이 형법 제152조 제1항 위증죄로 고소하오니 법에 준엄함을 깨달을 수 있도록 철저히 수사하여 엄벌에 처해 주시기 바랍니다.

4.범죄사실

(1) 피고소인과 고소인의 관계

고소인은 주소지에 거주하며 가정주부로써 피고소인은 주소지에서 거주하며 무직자입니다.

(2) 당시 수원지방법원 평택지원 2022고단○○○○호 한○○에 대한 절도피고사건에 있어서 같은 동에 사는 유○○가 증인으로 소환된 것을 알고 위 한○○를 위하여 유리한 허위진술을 시키기로 작정하고 ○○○○. ○○. ○○. 위 유○○을 한○○ 집으로 불러 피고소인의 주식을 권하면서 한○○에 대하여

(3) 절도사건으로 증인 심문을 받게 될 때에는 자기가 ○○○○. ○○. ○○. 오후 ○○:○○분경 위 식당에 갔을 때 한○○은 사무실에서 자기부인과 돈 때문에 이야기를 하고 있더라고 허위진술을 시켜서 위증을 교사하였습니다.

5. 고소이유

(1) 피고소인 유○○은 위와 같은 부탁을 받자 위 사실이 전혀 허위인 줄 알면서 이를 수락하고 ○○○○. ○○. ○○. 위 한○○에 대한 절도피고사건에 있어서 수원지방법원 형택지원 형사○단독 재판장 ○○○ 앞에서 동 사건의 증인으로 선서한 후 재판장으로부터 심문을 받을 때 위와 같이 의뢰받은 사실과 동 취지의 허위의 진술을 하여서 위증을 하였습니다.

(2) 피고소인을 엄단하여 사회적으로 경각심을 고취시켜 다시는 이런 일이 생기지 않도록 하기 위하여 이건 고소에 이르렀습니다.

6. 증거자료

□ 고소인은 고소인의 진술 외에 제출할 증거가 없습니다.

■ 고소인은 고소인의 진술 외에 제출할 증거가 있습니다.

☞ 제출할 증거의 세부내역은 별지를 작성하여 첨부합니다.

7. 관련사건의 수사 및 재판여부

① 중복 고소여부	본 고소장과 같은 내용의 고소장을 다른 검찰청 또는 경찰서에 제출하거나 제출하였던 사실이 있습니다 □ / 없습니다 ■
② 관련 형사사건 수사유무	본 고소장에 기재된 범죄사실과 관련된 사건 또는 공범에 대하여 검찰청이나 경찰서에서 수사 중에 있습니다 □ / 수사 중에 있지 않습니다 ■
③ 관련 민사소송 유무	본 고소장에 기재된 범죄사실과 관련된 사건에 대하여 법원에서 민사소송 중에 있습니다 □ / 민사소송 중에 있지 않습니다 ■

8.기타

본 고소장에 기재한 내용은 고소인이 알고 있는 지식과 경험을 바탕으로 모두 사실대로 작성하였으며, 만일 허위사실을 고소하였을 때에는 형법 제156조 무고죄로 처벌받을 것임을 아울러 서약합니다.

○○○○ 년 ○○ 월 ○○ 일

위 고소인 : ○ ○ ○   (인)

경기도 평택경찰서장 귀중

별지 : 증거자료 세부 목록 (범죄사실 입증을 위해 제출하려는 증거에 대하여 아래 각 증거별로 해당 난을 구체적으로 작성해 주시기 바랍니다)

1.인적증거

성 명		주민등록번호	
주 소		직업	
전 화	(휴대폰)		
입증하려는 내 용			

2.증거서류

순번	증 거	작성자	제출 유무
1	선서서	고소인	■ 접수시 제출　□ 수사 중 제출
2	증인신문조서	고소인	■ 접수시 제출　□ 수사 중 제출
3			□ 접수시 제출　□ 수사 중 제출
4			□ 접수시 제출　□ 수사 중 제출
5			□ 접수시 제출　□ 수사 중 제출

3.증거물

순번	증 거	소유자	제출 유무	
1	증인신문조서	고소인	■ 접수시 제출	□ 수사 중 제출
2			□ 접수시 제출	□ 수사 중 제출
3			□ 접수시 제출	□ 수사 중 제출
4			□ 접수시 제출	□ 수사 중 제출
5			□ 접수시 제출	□ 수사 중 제출

4.기타증거

추후 필요에 따라 제출하겠습니다.

고　　　소　　　장

고　소　인 :　○　　　○　　　○

피 고 소 인 :　○　　　○　　　○

전라남도 여수경찰서장 귀중

고　　소　　장

1.고소인

성　　명	○ ○ ○		주민등록번호	생략
주　　소	전라남도 여수시 ○○로 ○길 ○○, ○○○-○○○호			
직　　업	생략	사무실 주　소	생략	
전　　화	(휴대폰) 010 - 9918 - 0000			
대리인에 의한 고　　소	□ 법정대리인 (성명 :　　　,　　　　연락처　　　　　) □ 소송대리인 (성명 : 변호사,　　연락처　　　　　)			

2.피고소인

성　　명	○ ○ ○		주민등록번호	생략
주　　소	전라남도 여수시 ○○로 ○번길 ○○, ○○○호			
직　　업	상업	사무실 주　소	생략	
전　　화	(휴대폰) 010 - 7723 - 0000			
기타사항	고소인과의 관계 - 친·인척관계 없습니다.			

3. 고소취지

고소인은 피고소인에 관하여 다음과 같이 형법 제152조 제1항 위증죄로 고소하오니 법에 준엄함을 깨달을 수 있도록 철저히 수사하여 엄벌에 처해 주시기 바랍니다.

4. 범죄사실

(1) 피고소인 ○○○은 여수시 ○○○로에서 ○○통신대리점을 운영하는 ○○○의 처로서.

(2) 당시 광주지방법원 순천지원에 계속 중인 위 ○○○에 대한 특수절도사건에 관하여 여수시 ○○로길 ○○○에 사는 ○○○가 증인으로 소환된 것을 알고 위 ○○○을 위하여 유리한 허위진술을 시키기로 작정을 하고 ○○○○. ○○. ○○. 위 ○○○를 ○○○의 집으로 불러 피고소인 ○○○이 비싼 양주병을 권하면서 ○○○에 대하여 특수절도사건으로 증인심문을 받게 될 때에는 자기가 ○○○○. ○○. ○○. ○○:○○분경 위 ○○통신대리점에 갔을 때 ○○○은 사무실에서 자기 처와 핸드폰매입에 대하여 이야기를 나누고 있더라고 허위진술을 시켜서 위증을 교사하였습니다.

(3) 피고소인 ○○○은 위와 같은 부탁을 받자 위 사실이 허위인줄 잘 알면서도 이를 수락하고 ○○○○. ○○. ○○. 위 ○○○에 대한 특수절도사건에 있어서 광주지방법원 순천지원 제○단독 재판장 앞에서 동 사건의 증인으로 신서한 후 재판장으로부터 심문을 받을 때 위와 같이 의뢰받은 사실과 동 취지의 허위진술을 하여 위증을 하였습니다.

(4) 따라서 피고소인을 형법 제152조 제1항 위증죄 및 제2항 모해위증죄에 의한 위증죄를 범하였으므로 이에 고소하오니 피고소인을 엄중히 조사하여 엄벌에 처하여 주시기 바랍니다.

5.증거자료

☐ 고소인은 고소인의 진술 외에 제출할 증거가 없습니다.

■ 고소인은 고소인의 진술 외에 제출할 증거가 있습니다.

☞ 제출할 증거의 세부내역은 별지를 작성하여 첨부합니다.

6.관련사건의 수사 및 재판여부

① 중복 고소여부	본 고소장과 같은 내용의 고소장을 다른 검찰청 또는 경찰서에 제출하거나 제출하였던 사실이 있습니다 ☐ / 없습니다 ■
② 관련 형사사건 수사유무	본 고소장에 기재된 범죄사실과 관련된 사건 또는 공범에 대하여 검찰청이나 경찰서에서 수사 중에 있습니다 ☐ / 수사 중에 있지 않습니다 ■
③ 관련 민사소송 유무	본 고소장에 기재된 범죄사실과 관련된 사건에 대하여 법원에서 민사소송 중에 있습니다 ☐ / 민사소송 중에 있지 않습니다 ■

7.기타

본 고소장에 기재한 내용은 고소인이 알고 있는 지식과 경험을 바탕으로 모두 사실대로 작성하였으며, 만일 허위사실을 고소하였을 때에는 형법 제156조 무고죄로 처벌받을 것임을 아울러 서약합니다.

○○○○ 년 ○○ 월 ○○ 일

위 고소인 : ○ ○ ○   (인)

전라남도 여수경찰서장 귀중

**별지 : 증거자료 세부 목록 (범죄사실 입증을 위해 제출하려는 증거에 대하여 아래 각
증거별로 해당 난을 구체적으로 작성해 주시기 바랍니다)**

1.인적증거

성 명		주민등록번호		
주 소			직업	
전 화	(휴대폰)			
입증하려는 내 용				

2.증거서류

순번	증 거	작성자	제출 유무
1	선서서	고소인	■ 접수시 제출　□ 수사 중 제출
2	증인신문조서	고소인	■ 접수시 제출　□ 수사 중 제출
3			□ 접수시 제출　□ 수사 중 제출
4			□ 접수시 제출　□ 수사 중 제출
5			□ 접수시 제출　□ 수사 중 제출

3.증거물

순번	증 거	소유자	제출 유무	
1	증인신문조서	고소인	■ 접수시 제출	□ 수사 중 제출
2			□ 접수시 제출	□ 수사 중 제출
3			□ 접수시 제출	□ 수사 중 제출
4			□ 접수시 제출	□ 수사 중 제출
5			□ 접수시 제출	□ 수사 중 제출

4.기타증거

추후 필요에 따라 제출하겠습니다.

(6)모해위증죄 고소장 - 형사사건에 관하여 피고인을 모해할 목적으로 허위의 증언을
     하여 처벌 요구하는 고소장 최신서식

고   소   장

고 소 인 : ○   ○   ○

피 고 소 인 : ○   ○   ○

강원도 춘천경찰서장 귀중

고　　소　　장

1.고소인

성　　명	○ ○ ○		주민등록번호	생략
주　　소	강원도 춘천시 ○○로 ○길 ○○, ○○○호			
직　　업	생략	사무실 주　소	생략	
전　　화	(휴대폰) 010 - 8734 - 0000			
대리인에 의한 고　　소	☐ 법정대리인 (성명 : 　　, 　　연락처 　　) ☐ 소송대리인 (성명 : 변호사, 　연락처 　　)			

2.피고소인

성　　명	김 ○ 진		주민등록번호	생략
주　　소	강원도 춘천시 ○○로 ○○길 ○○○, ○○호			
직　　업	상업	사무실 주　소	생략	
전　　화	(휴대폰) 010 - 8234 - 0000			
기타사항	고소인과의 관계 - 친·인척관계 없습니다.			

3. 고소취지

고소인은 피고소인에 관하여 다음과 같이 형법 제152조 제2항 모해위증죄로 고소하오니 법에 준엄함을 깨달을 수 있도록 철저히 수사하여 엄벌에 처해 주시기 바랍니다.

4. 범죄사실

(1) 적용법조

○ 형법 제152조(위증, 모해위증) 제1항 법률에 의하여 선서한 증인이 허위의 진술을 한 때에는 5년 이하의 징역 또는 1천만 원 이하의 벌금에 처한다. 제2항 형사사건 또는 징계사건에 관하여 피고인, 피의자 또는 징계혐의자를 모해할 목적으로 전항의 죄를 범한 때에는 10년 이하의 징역에 처한다.

(2) 당사자 관계

○ 고소인은 대전지방법원 ○○○○노○○○○호 고소인에 대한 무고 피고사건의 피고인이었고, 피고소인은 ○○은행 ○○지점에 근무하던 직원이었습니다.

(3) 범죄사실

○ 피고소인 김○진은 ○○은행 ○○지점의 직원으로서 피고소인은, ○○○○. ○○. ○○. 대전지방법원 ○○○○노○○○○호 고소인에 대한 무고 피고사건 항소심 공판과정에서 증인으로 출석하여 증언함에 있어 고소인을 모해할 목적으로,

○ 그 기억에 반하여 "채무자의 이름은 기억할 수 없으나 ○○회사에 고소인 소유의 부동산을 담보로 대출을 해주었다가 대출금이 연체되어 ○○은행이 위 부동산을 경락받았다" 는 등 위 부동산의 내력, 담보제공 및 경락경위 등 관련사항에 대하여 허위의 공술을 하여 위증하였습니다.

5.고소이유

(1) 피고소인은 당시 ○○은행 ○○지점에서 대출업무의 직원으로 ○○회사에 대한 대부업무를 하였기 때문에 고소인이 ○○회사에게 고소인의 부동산을 담보제공한 사실이 없음을 너무나도 잘 알고 있으면서 마치 고소인이 담보를 ○○회사에게 제공하고 고소인이 채무를 변제하지 않아 경매하여 부동산을 경락받은 것처럼 허위의 사실을 진술하였습니다.(증 제1호증 증인신문조서 4쪽 관련 내용 기재되어 있습니다)

(2) 그러나 등기부등본에 기재된 바와 같이 고소인이 담보를 ○○회사에 제공한 사실도 없고 등기부등본에 기재된 바와 같이 고소 외 ○○○의 근저당권설정에 기하여 채무를 변제하지 못하였고 임의경매의 신청으로 경락에 의하여 다른 사람에게 이 사건 부동산이 넘어간 것임에도 불구하고 고소인이 ○○회사에 담보를 제공하여 변제하지 않아 경락으로 다른 사람에게 이전되었다는 피고소인의 진술은 분명히 고소인을 모해할 목적으로 허위의 진술을 하였음이 밝혀지고 있습니다.

(3) 그렇다면 피고소인은 고소인을 모해할 목적으로 증인으로 공판기일에 출석하여 선서한 다음 위증한 것으로서 법의 질서유지 작용에 막대한 위해를 미쳤다 할 것이므로 범에 준엄함을 절실히 깨달을 수 있도록 엄벌에 처하여 주시기 바랍니다.

6.증거자료

□ 고소인은 고소인의 진술 외에 제출할 증거가 없습니다.

■ 고소인은 고소인의 진술 외에 제출할 증거가 있습니다.

☞ 제출할 증거의 세부내역은 별지를 작성하여 첨부합니다.

7.관련사건의 수사 및 재판여부

① 중복 고소여부	본 고소장과 같은 내용의 고소장을 다른 검찰청 또는 경찰서에 제출하거나 제출하였던 사실이 있습니다 □ / 없습니다 ■
② 관련 형사사건 수사유무	본 고소장에 기재된 범죄사실과 관련된 사건 또는 공범에 대하여 검찰청이나 경찰서에서 수사 중에 있습니다 □ / 수사 중에 있지 않습니다 ■
③ 관련 민사소송 유무	본 고소장에 기재된 범죄사실과 관련된 사건에 대하여 법원에서 민사소송 중에 있습니다 □ / 민사소송 중에 있지 않습니다 ■

8.기타

본 고소장에 기재한 내용은 고소인이 알고 있는 지식과 경험을 바탕으로 모두 사실대로 작성하였으며, 만일 허위사실을 고소하였을 때에는 형법 제156조 무고죄로 처벌받을 것임을 아울러 서약합니다.

○○○○ 년 ○○ 월 ○○ 일

위 고소인 : ○ ○ ○   (인)

강원도 춘천경찰서장 귀중

별지 : 증거자료 세부 목록 (범죄사실 입증을 위해 제출하려는 증거에 대하여 아래 각 증거별로 해당 난을 구체적으로 작성해 주시기 바랍니다)

1.인적증거

성 명	○ ○ ○		주민등록번호	생략	
주 소	춘천시 ○○로 ○○, ○○○호			직업	회사원
전 화	(휴대폰) 010 - 2928 - 0000				
입증하려는 내 용	위 ○○○은 피고소인이 법정에서 위증한 내용을 모두 목격하여 이를 입증하고자 합니다.				

2.증거서류

순번	증 거	작성자	제출 유무
1	증인 선서서	피고소인	■ 접수시 제출　□ 수사 중 제출
2	증인신문조서	고소인	■ 접수시 제출　□ 수사 중 제출
3			□ 접수시 제출　□ 수사 중 제출
4			□ 접수시 제출　□ 수사 중 제출
5			□ 접수시 제출　□ 수사 중 제출

3.증거물

순번	증 거	소유자	제출 유무	
1	증인신문조서	고소인	■ 접수시 제출	□ 수사 중 제출
2			□ 접수시 제출	□ 수사 중 제출
3			□ 접수시 제출	□ 수사 중 제출
4			□ 접수시 제출	□ 수사 중 제출
5			□ 접수시 제출	□ 수사 중 제출

4.기타증거

추후 필요에 따라 제출하겠습니다.

(7)모해위증죄 고소장 - 피고인을 모해할 목적으로 허위의 진술을 하여 엄벌에 처해
달라는 취지의 고소장 최신서식

고   소   장

고 소 인 : ○   ○   ○

피 고 소 인 : ○   ○   ○

경상남도 마산중부경찰서장 귀중

고　　소　　장

1.고소인

성　　명	○ ○ ○	주민등록번호	생략
주　　소	경상남도 창원시 마산회원구 합성남○길 ○○○, ○○-○○○호		
직　　업	생략	사무실 주　소	생략
전　　화	(휴대폰) 010 - 3488 - 0000		
대리인에 의한 고　　소	☐ 법정대리인 (성명 :　　　,　　　연락처　　　　　) ☐ 소송대리인 (성명 : 변호사,　　연락처　　　　　)		

2.피고소인

성　　명	○ ○ ○	주민등록번호	생략
주　　소	경상남도 창원시 마산회원구 ○○로길 ○○○, ○○○		
직　　업	상업	사무실 주　소	생략
전　　화	(휴대폰) 010 - 7689 - 0000		
기타사항	고소인과의 관계 - 친·인척관계 없습니다.		

3. 고소취지

고소인은 피고소인에 관하여 다음과 같이 형법 제152조 제2항 모해위증죄로 고소하오니 법에 준엄함을 깨달을 수 있도록 철저히 수사하여 엄벌에 처해 주시기 바랍니다.

4. 범죄사실

(1) 적용법조

○ 형법 제152조(위증, 포해위증) 제1항 법률에 의하여 선서한 증인이 허위의 진술을 한 때에는 5년 이하의 징역 또는 1천만 원 이하의 벌금에 처한다.

제2항 형사사건 또는 징계사건에 관하여 피고인, 피의자 또는 징계혐의자를 모해할 목적으로 전항의 죄를 범한 때에는 10년 이하의 징역에 처한다.

(2) 당사자 관계

○ 고소인은 ○○주식회사에 근무하다가 ○○○○. ○○. ○○.경 퇴직하였고, 피고소인은 ○○주식회사에 경리담당 직원으로 근무한 사실이 있습니다.

(3) 고소사실

○ 고소인은 ○○○○. ○○. ○○. ○○주식회사를 퇴직하면서 고소인의 명의로 된 신한은행 ○○○-○○-○○○○○구좌로 퇴직금으로 금○,○○○만 원을 ○○주식회사로부터 ○○○○. ○○. ○○. 송금받았습니다.

○ 고소인은 ○○주식회사의 대표이사로부터 공갈협박으로 고소를 당하고 고소인이 구속되어 재판을 받게 되자 피고소인은 창원지방법원 제○○○호 법정에서 ○○○○고단○○○○호 사건의 증인으로 출석하여 선서한 후 증언을 함에 있어서 피고소인이 고소인에게 준 돈 ○,○○○만 원은 고소인에 대한 ○○주식회사의 퇴직금으로 준 것이 아니다. 그 돈은 고소인이 ○○주식회사를 신고하겠다고 피고소인을 협박하여 준 것이다. 고소인이 위 회사를 퇴직할 때인 ○○○○. ○○. ○○. 11:00경 고소인이 피고소인의 사무실에서

피고소인을 협박한 사실이 있다는 취지의 허위의 증언을 하였습니다.

○ 피고소인은 위 같은 법원 제○○○호 법정에서 같은 법원 ○○○○노○○○
○호 사건의 증인으로 출석하여 선서한 후 증언을 함에 있어서 증인이 이
사건에서 고소인에게 준 돈은 고소인에게 갈취를 당한 것이다. 증인이 고소
인에게 그와 같이 준 돈은 회사 돈이 아니라 저의 개인통장에서 지급하여
준돈이라는 취지의 증언을 하여, 각 허위의 공술을 한 것입니다.

○ 피고소인은 증언에서 협박에 의하여 개인자금으로 고소인에게 돈을 주었다
고 진술하였지만 ○○주식회사의 통장에서 고소인의 구좌로 송금한 사실만
보더라도 피고소인의 개인자금구좌가 아니라 위 ○○주식회사의 운영자금구
좌임이 분명하며 ○○주식회사의 운영자금을 고소인에게 지급한 것임에도
불구하고 피고소인은 법정에서 고소인을 모해할 목적으로 개인돈으로 협박
을 당해 준돈이라고 허위의 사실을 진술한 것입니다.

○ 그러므로 고소인은 피고소인을 형법 제152조 제2항 모해위증죄로 고소하오
니 피고소인을 철저히 수사하여 법에 준엄함을 깨달을 수 있도록 엄히 처
벌하여 주시기 바랍니다.

5.증거자료

☐ 고소인은 고소인의 진술 외에 제출할 증거가 없습니다.

■ 고소인은 고소인의 진술 외에 제출할 증거가 있습니다.

☞ 제출할 증거의 세부내역은 별지를 작성하여 첨부합니다.

6.관련사건의 수사 및 재판여부

① 중복 고소여부	본 고소장과 같은 내용의 고소장을 다른 검찰청 또는 경찰서에 제출하거나 제출하였던 사실이 있습니다 ☐ / 없습니다 ■
② 관련 형사사건 수사유무	본 고소장에 기재된 범죄사실과 관련된 사건 또는 공범에 대하여 검찰청이나 경찰서에서 수사 중에 있습니다 ☐ / 수사 중에 있지 않습니다 ■
③ 관련 민사소송 유무	본 고소장에 기재된 범죄사실과 관련된 사건에 대하여 법원에서 민사소송 중에 있습니다 ☐ / 민사소송 중에 있지 않습니다 ■

7.기타

본 고소장에 기재한 내용은 고소인이 알고 있는 지식과 경험을 바탕으로 모두 사실대로 작성하였으며, 만일 허위사실을 고소하였을 때에는 형법 제156조 무고죄로 처벌받을 것임을 아울러 서약합니다.

○○○○ 년 ○○ 월 ○○ 일

위 고소인 : ○ ○ ○   (인)

경상남도 마산중부경찰서장 귀중

별지 : 증거자료 세부 목록 (범죄사실 입증을 위해 제출하려는 증거에 대하여 아래 각 증거별로 해당 난을 구체적으로 작성해 주시기 바랍니다)

1.인적증거

성 명	○ ○ ○	주민등록번호	생략		
주 소				직업	회사원
전 화					
입증하려는 내 용					

2.증거서류

순번	증 거	작성자	제출 유무	
1	증인 선서서	피고소인	■ 접수시 제출	□ 수사 중 제출
2	증인신문조서	고소인	■ 접수시 제출	□ 수사 중 제출
3			□ 접수시 제출	□ 수사 중 제출
4			□ 접수시 제출	□ 수사 중 제출
5			□ 접수시 제출	□ 수사 중 제출

3.증거물

순번	증 거	소유자	제출 유무	
1	증인신문조서	고소인	■ 접수시 제출	□ 수사 중 제출
2			□ 접수시 제출	□ 수사 중 제출
3			□ 접수시 제출	□ 수사 중 제출
4			□ 접수시 제출	□ 수사 중 제출
5			□ 접수시 제출	□ 수사 중 제출

4.기타증거

추후 필요에 따라 제출하겠습니다.

(8)모해위증죄 고소장 - 피고인을 모해할 목적으로 허위의 사실을 증언하여 처벌을
요구하는 고소장 최신서식

고   소   장

고 소 인 : ○   ○   ○

피 고 소 인 : ○   ○   ○

전라북도 군산경찰서장 귀중

고　　소　　장

1.고소인

성　　명	○ ○ ○		주민등록번호	생략
주　　소	전라북도 군산시 ○○로길 ○○, ○○○-○○○호			
직　　업	생략	사무실 주　소	생략	
전　　화	(휴대폰) 010 - 2932 - 0000			
대리인에 의한 고　　소	□ 법정대리인 (성명 :　　,　　　연락처　　　　) □ 소송대리인 (성명 : 변호사,　　연락처　　　　)			

2.피고소인

성　　명	○ ○ ○		주민등록번호	생략
주　　소	전라북도 군산시 ○○로\길 ○○, ○○○호			
직　　업	상업	사무실 주　소	생략	
전　　화	(휴대폰) 010 - 8456 - 0000			
기타사항	고소인과의 관계 - 친·인척관계 없습니다.			

3.고소취지

고소인은 피고소인에 관하여 다음과 같이 형법 제152조 제2항 모해위증죄로 고소하오니 법에 준엄함을 깨달을 수 있도록 철저히 수사하여 엄벌에 처해 주시기 바랍니다.

4.범죄사실

(1) 적용법조

○ 형법 제152조(위증, 포해위증) 제1항 법률에 의하여 선서한 증인이 허위의 진술을 한 때에는 5년 이하의 징역 또는 1천만 원 이하의 벌금에 처한다.

제2항 형사사건 또는 징계사건에 관하여 피고인, 피의자 또는 징계혐의자를 모해할 목적으로 전항의 죄를 범한 때에는 10년 이하의 징역에 처한다.

(2) 당사자 관계

○ 고소인은 ○○업에 종사하고 피고소인은 ○○건축이라는 사무소에 직원으로 근무한 사실이 있습니다.

(3) 고소사실

○ 피고소인은 고소인에 대한 전주지방법원 군산지원 ○○○○고단○○○○호 횡령피고사건에 관한 ○○○○. ○○. ○○. 증인으로 출석하였습니다.

○ 피고소인의 이 사건 위증은 위 형사사건의 피고인이었던 고소인에게 불리하게 할 목적으로 피고소인은 위 횡령사건에서는 검찰과 제1심의 법정에 이르기까지 계속하여 ○○○으로부터 고소인을 소개받고 명함을 건네준 다음 ○○○○. ○○. ○○. 고소인의 사무실로 찾아가 ○○건물 신축과 관련하여 고소인에게 ○,○○○만 원의 돈을 보관한 사실이 있다고 진술하였습니다.

○ 그 이후 이 사건 횡령사건에서 증인으로 출석하여 태도를 바꾸어 ○○○의 소개로 고소인을 한 차례 만난 것은 사실이나 고소인에게 위 돈을 보관시킨 사실은 전혀 없었다고 위 횡령사건에서의 진술을 정면으로 번복하는 허

위의 진술을 하였습니다.

○ 이에 고소인은 피고소인을 형법 제152조 제2항 모해위증죄로 고소하오니 피고소인을 엄벌에 처하여 주시기 바랍니다.

5.증거자료

□ 고소인은 고소인의 진술 외에 제출할 증거가 없습니다.

■ 고소인은 고소인의 진술 외에 제출할 증거가 있습니다.

☞ 제출할 증거의 세부내역은 별지를 작성하여 첨부합니다.

6.관련사건의 수사 및 재판여부

① 중복 고소여부	본 고소장과 같은 내용의 고소장을 다른 검찰청 또는 경찰서에 제출하거나 제출하였던 사실이 있습니다 □ / 없습니다 ■
② 관련 형사사건 수사유무	본 고소장에 기재된 범죄사실과 관련된 사건 또는 공범에 대하여 검찰청이나 경찰서에서 수사 중에 있습니다 □ / 수사 중에 있지 않습니다 ■
③ 관련 민사소송 유무	본 고소장에 기재된 범죄사실과 관련된 사건에 대하여 법원에서 민사소송 중에 있습니다 □ / 민사소송 중에 있지 않습니다 ■

7.기타

본 고소장에 기재한 내용은 고소인이 알고 있는 지식과 경험을 바탕으로 모두 사실대로 작성하였으며, 만일 허위사실을 고소하였을 때에는 형법 제156조 무고죄로 처벌받을 것임을 아울러 서약합니다.

○○○○ 년 ○○ 월 ○○ 일

위 고소인 : ○ ○ ○   (인)

전라북도 군산경찰서장 귀중

별지 : 증거자료 세부 목록 (범죄사실 입증을 위해 제출하려는 증거에 대하여 아래 각 증거별로 해당 난을 구체적으로 작성해 주시기 바랍니다)

1. 인적증거

성 명	○ ○ ○	주민등록번호	생략	
주 소			직업	회사원
전 화				
입증하려는 내 용				

2. 증거서류

순번	증 거	작성자	제출 유무
1	증인 선서서	피고소인	■ 접수시 제출 □ 수사 중 제출
2	증인신문조서	고소인	■ 접수시 제출 □ 수사 중 제출
3			□ 접수시 제출 □ 수사 중 제출
4			□ 접수시 제출 □ 수사 중 제출
5			□ 접수시 제출 □ 수사 중 제출

3.증거물

순번	증 거	소유자	제출 유무	
1	증인신문조서	고소인	■ 접수시 제출	□ 수사 중 제출
2			□ 접수시 제출	□ 수사 중 제출
3			□ 접수시 제출	□ 수사 중 제출
4			□ 접수시 제출	□ 수사 중 제출
5			□ 접수시 제출	□ 수사 중 제출

4.기타증거

추후 필요에 따라 제출하겠습니다.

▣ 편 저 대한법률콘텐츠연구회 ▣

(연구회 발행도서)

· 청구취지 원인변경 소의 변경 보충·정정 작성방법
· 청구이의의 소 강제집행정지 제3자이의의 소
· 음주운전 공무집행방해 의견서 작성방법
· 불기소처분 고등법원 재정신청서 작성방법
· 형사사건항소 항소이유서 작성방법
· 불법행위 손해배상 위자료 청구
· 경찰서 진술서 작성방법

위증죄, 모해위증죄 성립요건 고소방법 실무지침서

위증죄 모해위증죄 고소장 고소방법

2024년 10월 05일 인쇄
2024년 10월 10일 발행

편   저   대한법률콘텐츠연구회
발행인   김현호
발행처   법문북스
공급처   법률미디어

주소   서울 구로구 경인로 54길4(구로동 636-62)
전화   02)2636-2911~2, 팩스 02)2636-3012
홈페이지 www.lawb.co.kr

등록일지   1979년 8월 27일
등록번호   제5-22호

ISBN   979-11-93350-59-1(13360)

정가   28,000원

이 도서의 국립중앙도서관 출판예정도서목록(CIP)은 서지정보유통지원시스템 홈페이지(http://seoji.nl.go.kr)와 국가
자료종합목록 구축시스템(http://kolis-net.nl.go.kr)에서 이용하실 수 있습니다.